Geisterstädte

Chris McNab

Geisterstädte

Verlassen. Verfallen. Vergessen.

Weltbild

Die englische Originalausgabe erschien 2018 unter dem Titel *GHOST TOWNS*. First published by Amber Books Ltd, London

Übersetzung: Dr. Ulrike Strerath-Bolz
Projektleitung und Redaktion: usb bücherbüro, Friedberg/Bayern
Covergestaltung: der UHLIG, Augsburg, www.coverdesign.net
Coverfotos: Hauptmotiv © Ausra Lekauskaite / FOAP (Kupfermine/Alaska); vorne oben: © dbimages / Alamy Stock Foto Jahaz Mahal); © Maksym Dragunov / Alamy Stock Foto (Pripjat); © Jon Arnold Images Ltd / Alamy Stock Foto (Erlöserkirche/ Kars); hinten oben: © Dan Johnson / unsplash (Hochhäuser); © Mardetanha / wiki commons (Soltaniyeh Dom); © Kellenberger / wiki commons (Shanzi UFO Häuser, Taipeh); hinten unten: © Yuriy Rzhemovskiy / unsplash (Antarktis)

Druck und Bindung: Hung Hing Printing Centre,
17–19 Dai Hei Street, Tai Po Ind Estate, N.T.

Printed in Hong Kong
978-3-8289-5840-1

2019 2018
Die letzte Jahreszahl gibt die aktuelle Lizenzausgabe an.

Einkaufen im Internet:
www.weltbild.de

Inhalt

Einleitung

Der Begriff »Geisterstadt« an sich erklärt schon ganz gut, warum uns solche Orte so sehr faszinieren. Verlassene Städte wirken geisterhaft. Es fühlt sich an, als wären die leeren Räume, die Türen, die im Wind schwingen, und die stillen Straßen immer noch geprägt von den Menschen, die einst dort lebten. Manchmal ist ihre Gegenwart beklemmend intensiv zu spüren, wie zum Beispiel in Pompeji und Tschernobyl. Ob wir antike italienische Ruinen betrachten oder eine verfallene alte Goldgräbersiedlung im Mittleren Westen der USA – jede Erforschung von Geisterstädten bringt gemischte Gefühle hervor. Wir sind fasziniert davon, ungehindert durch die Häuser und Arbeitsstätten spazieren zu können, aber wir empfinden uns auch als Eindringlinge.

Geisterstädte sind aber auch unschätzbare historische Quellen, echte und in manchen Fällen buchstäbliche Fenster zur Vergangenheit. Der Unterschied zwischen Geisterstädten und schlichten Ruinen liegt wohl darin, dass genug Material aus der Vergangenheit geblieben ist, sodass wir in das Leben von Menschen eintreten können, die längst nicht mehr sind. Geisterstädte ermöglichen uns Reisen in eine Zeit, die Jahrzehnte oder Jahrhunderte zurückliegt.

Oben:
Die Stadt Goldfield, Nevada (USA), war einst die Heimat von 30.000 Menschen, aber als die Goldförderung zusammenbrach, erlebte die Stadt einen Niedergang und wurde schließlich ganz aufgegeben.
Rechts:
In der westlichen Sahara, genauer gesagt in der Oase Siwa, finden sich die Überreste der Festungsstadt Shali, deren Ursprünge bis ins 10. Jahrhundert v. Chr. zurückgehen.

Ostasien

Die Geisterstädte Ostasiens haben sehr unterschiedliche Vorgeschichten. Viele dieser Orte stammen aus der Antike oder dem Mittelalter. Oft wurden sie rund um Tempelanlagen gegründet, die die Spiritualität des Gebiets und seiner Herrscher bestimmten. Wat Phra Si Sanphet, der ehemalige Königspalast in der alten thailändischen Hauptstadt Ayutthaya, ist ein solches Beispiel. Seine vierhundertjährige Geschichte wurde 1767 durch die burmesische Invasion beendet. Doch die Schönheit und historische Bedeutung solcher Orte zieht bis heute Reisende und Touristen an. In krassem Gegensatz dazu stehen die vielen modernen Geisterstädte, die es heute überall in Ostasien gibt. Einige sind durch ökonomische Veränderungen entstanden, vor allem durch den Niedergang jener Schlüsselindustrien, die für ihre Gründung verantwortlich waren. Andere sind – oft in spektakulärer Weise – das Ergebnis eines übersteigerten Bauwahns. China beispielsweise hat in den Jahren 2000 bis 2010 23.700 Quadratkilometer an Stadtgebieten dazugewonnen. Die Expansion wurde durch das Wirtschaftswachstum gefördert, aber auch durch leicht erhältliche Kredite und übersteigerte Erwartungen, was den Anstieg der Bevölkerungszahlen in städtischen Räumen anging. Tatsächlich sind die städtischen Räume in vielen Gebieten Chinas eher geschrumpft, und so stehen heute futuristische, aber karge Baukomplexe leer und warten auf Menschen, die vielleicht niemals kommen.

LINKS:
Thames Town, Songjiang New City, Shanghai, China
Thames Town ist eines von vielen kaum bevölkerten Neubaugebieten, die in den letzten Jahren in China entstanden sind. Der Name bezieht sich darauf, dass viele Straßen und Gebäude wichtige englische Architekturstile nachahmen.

Chenggong, Yünnan, China
Dieses Foto vom November 2013 zeigt eine leere Autobahn, die an ebenfalls leeren Häusern in Chenggong (Provinz Yünnan) vorbeiführt. Diese neu erbaute Stadt war zur Zeit der Aufnahme eine der größten Geisterstädte Ostasiens. Seither tröpfeln Menschen in die Büros und Wohnungen, aber bis heute gibt es hier enorm viel Leerstand.

呈贡区吴家营社区卫生服务中心

Chenggong, Yünnan, China
Ein weiterer geisterhafter Blick über die Straßen und Häuser von Chenggong. Wie so viele der großen Geisterstädte im modernen China wurde auch Chenggong entwickelt, um den Bevölkerungsüberschuss anderer Städte aufzufangen. Chenggong beispielsweise ist eine Satellitenstadt südlich von Kunming.

出租

Ordos, Innere Mongolei
Blick in ein dicht bebautes, aber vollkommen leeres Wohnviertel in der Nähe des neuen Viertels Kangbashi in Ordos (Innere Mongolei). Die Aufnahme stammt vom 16. August 2011. Ursprünglich sollten hier bis 2023 etwa eine Million Menschen einziehen, inzwischen spricht man nur noch von 300.000.

Alle Fotos:
Tianducheng in der Provinz Hangzhou, China
Dass die Stadt Tianducheng in China an Paris erinnern soll, erkennt man auf diesen Fotos sofort, nicht zuletzt an dem 108 Meter hohen Nachbau des Eiffelturms, der am Ende eines langen Boulevards steht (oben), und an dem Château am See (rechts unten). Die Stadt verfügt außerdem über Freilichttheater (rechts oben), Springbrunnen und Landschaftsparks. Im Jahr 2007 wurde sie für die neuen Bewohner freigegeben, aber bis 2013 waren erst etwa 2000 Menschen eingezogen. Die Gesamtkapazität der Stadt beträgt 10.000. Ebenso wie Thames Town spiegelt Tianducheng die Begeisterung chinesischer Städteplaner für westliche Städte. Allerdings erinnert der Baustil oft eher an Disneyland als an die realen Vorbilder.

注意安全
严禁游泳

Bokor Hill im Nationalpark Preah Monivong, Kambodscha
Überall in Südostasien findet sich französische Architektur, vor allem in den Ländern, die einmal französische Kolonien waren, also Vietnam, Kambodscha und Laos. Bokor Hill wurde in den Zwanzigerjahren von den Franzosen erbaut. Die Station in den Bergen, einst ein Erholungsort für Kolonialbeamte, ist heute Teil des Nationalparks Preah Monivong. Das Gebäude wurde Ende der Vierzigerjahre von den Franzosen aufgegeben. Hier sieht man den Eingang zum Casino.

OBEN UND LINKS:
Insel Hashima, Nagasaki, Japan
Die Insel, die wegen ihrer Form den Spitznamen »Schlachtschiff-Insel« bekam, liegt 15 Kilometer vor der Stadt Nagasaki. Ursprünglich wurde die Siedlung als riesige Bergwerksanlage für den Kohleabbau auf dem Meeresboden Ende des 19. Jahrhunderts gegründet. 1974 wurde sie aufgegeben, weil Japan kaum noch Kohle brauchte. In den dunklen Zeiten der Inselgeschichte lebten hier hauptsächlich Zwangsarbeiter.

RECHTS:
Fukushima, Japan
Die Präfektur Fukushima wurde im Jahr 2011 durch das Erdbeben und die Flutwelle von Tohoku sowie die nachfolgende Nuklearkatastrophe von Fukushima Daiichi heftig getroffen. Hier sieht man ein verlassenes Haus an einem besonders stark kontaminierten Küstenabschnitt. Allmählich kehren die Menschen in die Region zurück, aber etwa drei Prozent der Präfektur rund um die Ruine des Atomkraftwerks dürfen bis heute nicht betreten werden.

Links:

Papan, Perak, Malaysia

Pekan Papan ist eine kleine Stadt in Perak, einem Teil von Malaysia. Sie entstand im 19. Jahrhundert und war zunächst ein Zentrum der Holzindustrie. Später (Anfang des 20. Jahrhunderts) diente sie dem Zinnabbau. Der Niedergang begann mit der japanischen Besatzung während des Zweiten Weltkriegs und setzte sich fort, als in den 1980er Jahren der Zinnabbau an Bedeutung verlor. Bei den Menschen in der Region gilt Papan als Schauplatz übersinnlicher Erscheinungen.

Nächste Doppelseite:

Sungai Lembing, Pahang, Malaysia

Auch Sungai Lembing im Bezirk Kuantan, Pahang, ging zugrunde, als der Zinnabbau an Bedeutung verlor. Zu ihrer Hochzeit in der ersten Hälfte des 20. Jahrhunderts gehörte die Stadt mit ihrem besonders tiefen und ausgedehnten Bergwerk zu den reichsten in der Region. Heute leben nur noch sehr wenige Menschen dort und die Stadt ist immer wieder von Überschwemmungen betroffen.

Die UFO-Häuser von Sanzhi, New Taipei City, Taiwan
Diese seltsamen Gebäude, die die Spitznamen »UFO-Häuser« und »Erbsenschoten« tragen, wurden in den 1970er Jahren auf Taiwan gebaut, und zwar als Ferienwohnungen für Angehörige des US-Militärs. Schon während der Bauphase kam es zu mehreren tödlichen Unfällen und Selbstmorden, und weil man den Ort für verflucht hielt, wurde er aufgegeben. 2010 wurden die Häuser abgerissen.

Wat Phra Si Sanphet, Ayutthaya, Thailand
Wat Phra Si Sanphet gehört zu den architektonischen Weltwundern. Es war ein großer Tempelbezirk auf dem Gelände des Königspalastes in der alten thailändischen Hauptstadt Ayutthaya. Die Stadt wurde 1767 von den Burmesen besetzt und geplündert. Ein großer Teil der Tempelanlage wurde zerstört. Die Überreste stehen bis heute. Zu ihrer Hochzeit waren die Stadt und die Tempelanlage Orte großen Reichtums und intensiver Spiritualität.

Zentralasien

Zentralasien umfasst einen riesigen Teil der Erdoberfläche und weite Gebiete, die nur sehr dünn besiedelt sind. Der Staat Kasachstan beispielsweise ist von der Fläche her ungefähr so groß wie ganz Westeuropa, hat aber nur 18 Millionen Einwohner (Westeuropa hat fast 500 Millionen). Die Region hat starke wirtschaftliche, politische und geografische Veränderungen durchgemacht. Ganze Reiche sind entstanden und wieder verschwunden, und einstmals mächtige Handelsrouten – nicht zuletzt die alte Seidenstraße – durchzogen die Wüsten, Steppen und Gebirge. Im 20. Jahrhundert gehörten viele zentralasiatische Staaten zur Sowjetunion. Es war eine Zeit dramatischer gesellschaftlicher Entwicklungen, die zum Teil mit großer Grausamkeit durchgesetzt wurden, vor allem in der stalinistischen Ära. Ganze Völker wurden in die Gulags oder an unwirtliche Orte deportiert. Krieg und Völkermord durchzogen die Landschaft. Nach dem Ende der Sowjetunion führten die Sünden der Vergangenheit zu zahlreichen Konflikten, beispielsweise in Georgien, Berg-Karabach, Tschetschenien und nicht zuletzt in Afghanistan. Ergänzt man diese Umwälzungen mit Umweltkatastrophen, wirtschaftlichen Veränderungen und Bevölkerungswanderungen, dann ist es kein Wunder, dass Zentralasien voll von Geisterstädten ist. Einige stammen aus alter Zeit, andere sind erst Jahrzehnte alt. Aber sie alle sind Zeugen großer historischer Veränderungen.

LINKS:
Agdam, Berg-Karabach in der Republik Aserbaidschan
Wenn man Agdam heute sieht, kann man sich kaum vorstellen, dass im Jahr 1989 hier noch eine blühende Stadt mit etwa 29.000 Einwohnern stand. Während des Krieges von 1991 wurde Agdam von armenischen Truppen erobert und zerstört. Plünderungen und die Verwendung der Ruinen als Baumaterial machten der Stadt endgültig den Garaus.

Otrar, südliches Kasachstan
Die Geschichte von Otrar geht bis ins 1. Jahrhundert vor Christus zurück. Im Mittelalter war die Stadt ein blühendes Zentrum an der Seidenstraße. Politische Unruhen, Kriege, der allmähliche Verlust der Bewässerungssysteme und wirtschaftliche Veränderungen machten Ortrar im 19. Jahrhundert zu einer Geisterstadt.

Dosser, Kasachstan
Diese verlassene Straße in der kasachischen Stadt Dosser wird von Häusern aus sowjetischer Zeit bestimmt. Kasachstan hat in den 1990er Jahren riesige soziale und politische Veränderungen erlebt, vor allem in Folge der Unabhängigkeit. Es gab große Bevölkerungsverschiebungen, oft gefördert durch die Entwicklung der petrochemischen Industrie, sodass einstmals blühende Städte und Siedlungen aufgegeben wurden. Heute finden die Menschen an anderen Orten in dem riesigen Land Arbeit und Wohnraum.

Abchasien
Ein paar Tiere beleben diese verlassene Stadt in Abchasien, einer nur von wenigen Staaten als unabhängig anerkannten Region im südlichen Kaukasus, nordwestlich von Georgien gelegen. Wäsche hängt auf einer Leine, und auch die Haustiere deuten darauf hin, dass hier noch ein paar Menschen leben. Hundertausende von Georgiern wurden in Folge des Unabhängigkeitskrieges (1992/93) des Landes verwiesen.

Beide Fotos:
Kraftwerk in Tqwartscheli, Abchasien
Während des Unabhängigkeitskrieges in den 1990er Jahren wurde Tqwartscheli von georgischen Truppen belagert. Die Stadt trotzte der Belagerung, erholte sich aber nicht mehr von den traumatischen Erfahrungen und verfiel allmählich. 1989 lebten hier noch fast 22.000 Menschen, im Jahr 2011 waren es nur noch 5000. Große Teile der Stadt und der Umgebung sind heute menschenleer. Auf den Fotos sieht man die rostenden Ruinen des Kraftwerks von Tqwartscheli, das im ersten Jahr der Belagerung ausgebombt wurde, sodass die Bevölkerung mehr als ein Jahr ohne Strom war.

Poljana, Abchasien
Poljana in Abchasien war früher eine Bergwerkssiedlung. Der Niedergang des Bergbaus in der Region und die Zerstörungen während des Krieges haben dafür gesorgt, dass die Stadt nur noch ein Schatten ihres früheren Selbst ist. Viele der abchasischen Geisterstädte sind durchaus noch bewohnt, aber die wenigen Menschen führen in den Ruinen eine kümmerliche Existenz.

Straße von Kabul nach Charikar, Provinz Parwan, Afghanistan
In den letzten vierzig Jahren hat Afghanistan mehr bewaffnete Konflikte erlebt als die meisten anderen Länder. Die ständigen Kriege, oft unter Beteiligung der Supermächte, haben der Bevölkerung heftig zugesetzt. Vor allem auf dem Land gibt es heute viele Ruinendörfer, die verlassen oder zerstört wurden, weil sie zwischen alle Fronten gerieten.

Indischer Subkontinent

Der indische Subkontinent ist ein riesiges Gebiet mit einer reichen Geschichte. Viele Reiche sind entstanden und wieder vergangen: das Reich der Moria, der Moguln, Gupta, Maratha und Kushan, und nicht zuletzt der Briten. Einige dieser Reiche bestimmten über Jahrhunderte hinweg das heutige Indien, Pakistan und Bangladesh, andere blitzten nur kurz auf und verschwanden schon nach wenigen Jahrzehnten.

Bedingt durch seine wechselhafte Geschichte ist Indien voller Ruinen und Geisterstädte von außergewöhnlicher Majestät und Schönheit. Sie sind bekannt wegen ihrer opulenten Architektur und ihrer Bilddarstellungen indischer Politik, Legenden und Spiritualität. Vijayanagara beispielsweise, die Hauptstadt des gleichnamigen Reiches, erstreckt sich über ein Gebiet von 40 Quadratkilometern und umfasste zu seiner Blütezeit mehr als 140 Heiligtümer, von denen bis heute Dutzende von Tempeln und Statuen zeugen.

Indien ist geprägt von großen Kräften wirtschaftlicher, militärischer, geografischer, religiöser und ethnischer Art. Diese Einflüsse haben seine Geschichte geformt und ein reiches Erbe in Architektur und Infrastruktur hinterlassen. Viele der verlassenen Städte in diesem Kapitel zeugen aber auch von der Bedeutung von Legenden und Geisterglaube. Flüche, die vor Jahrhunderten über einen Ort gelegt wurden, finden bis heute ihren Widerhall in der Bevölkerung. Auch deshalb bleiben manche Orte menschenleer und werden gemieden.

Links:
Vijayanagara, Bezirk Ballari, Karnataka, Indien
Vijayanagara in der Nähe des heutigen Dorfes Harampi war die Hauptstadt des gleichnamigen südindischen Reiches. Ein Großteil der ursprünglichen Stadt ist verschwunden, aber einige unglaubliche Skulpturen und Monumente stehen noch. Auf ihnen sind mythische und gesellschaftliche Szenen zu sehen.

Vijayanagara, Bezirk Ballari, Karnataka, Indien
Der Vittala-Tempel in Vijayanagara enthält eines der aufregendsten Denkmäler mittelalterlicher indischer Geschichte: einen steinernen Wagen, Ratha genannt. Tatsächlich handelt es sich um einen Schrein, der ursprünglich eine Skulptur von Garuda, dem Begleiter des Gottes Vishnu, auf der Spitze trug. Die Wagenräder ließen sich im Originalzustand bewegen, wurden inzwischen aber mit Beton befestigt, um Schäden durch Touristen zu verhindern.

Jahaz Mahal, Mehrauli, Delhi, Indien
Das Jahaz Mahal ist ein Meisterwerk der Architektur und Landschaftsgestaltung. Der Name bedeutet »Schiffspalast« und wurde dem Gebäude gegeben, weil sich der Palast in einem künstlichen Wasserreservoir spiegelt und dabei den Eindruck eines Schiffes auf hoher See erweckt. Der Palast wurde im 15./16. Jahrhundert als Raststätte für Reisende gebaut, die dort übernachten konnten und bewirtet wurden.

ALLE FOTOS:
Port Blair, Ross Island, Andamanen und Nicobaren, Indien
Die Natur holt sich unaufhaltsam die Reste der alten, verlassenen presbyterianischen Kirche zurück. Ranken und Baumwurzeln ziehen sich über die Fundamente, Wände und auch durch die Fensterhöhlen. Die Kirche liegt in Port Blair auf Ross Island, einer Insel, die zu den Andamanen und Nicobaren gehört, einer Inselgruppe im Indischen Ozean. Ende des 18. Jahrhunderts wurde im Zuge der britischen Kolonisation des indischen Subkontinents in Port Blair eine britische Siedlung gegründet. Die Stadt hatte ein reiches gesellschaftliches Leben, aber die Inseln waren für die Briten immer ein schwieriger Standort. Krankheiten forderten viele Menschenleben, und es gab immer wieder Aufstände der örtlichen Bevölkerung gegen die Kolonialherren. Ab 1858 gab es auf Ross Island auch eine Strafkolonie, in der politische Häftlinge aus Indien unter brutalen Bedingungen gefangen gehalten wurden.

Klosteranlage St. Augustine, Old Goa, Indien
Die Kirche St. Augustine, von Mönchen in den Jahren 1597 bis 1602 erbaut, diente bis 1835 als religiöses Zentrum von Goa. Nach Jahrzehnten verheerender Epidemien und anderer Unglücke, die die Bevölkerung stark dezimierten, wurde sie aufgegeben. Inzwischen ist die Kirche weitgehend zerstört, aber der 46 Meter hohe Turm steht bis heute in stiller Würde da.

Kuldhara bei Jaisalmer, Rajasthan, Indien
Etwa 20 Kilometer von Jaisalmer entfernt liegt das verlassene, unheimliche Kuldhara. Gegründet im 13. Jahrhundert, war es bis ins 19. Jahrhundert hinein eine blühende Siedlung mit etwa tausend Einwohnern. Dann wurde die Stadt plötzlich und ohne ersichtlichen Grund aufgegeben. Lokale Legenden sprechen von einem Fluch, den böse Beamte auf den Ort gelegt haben. Rationalere Erklärungen vermuten Probleme mit der Wasserversorgung. Die Angst vor dem Fluch führte jedoch dazu, dass der Ort nie wieder besiedelt wurde.

Festung Golkonda, Hyderabad, Indien
Elf Kilometer von Hyderabad liegt die Festung Golkonda, vom 14. bis 17. Jahrhundert ein Teil der Hauptstadt des gleichnamigen Königreichs. Sie wurde ursprünglich aus Lehmziegeln erbaut, aber im 16. Jahrhundert mit Granitgebäuden erweitert. Im 17. Jahrhundert überstand die Festung eine neunmonatige Belagerung durch den Mogul-Fürsten Aurangzeb und musste erst kapitulieren, als ein Verräter hinterhältig ein Tor von innen öffnete.

ALLE FOTOS:
Festung Lakhpat, Bezirk Kachchh, Gujarat, Indien
Die Festung Lakhpat liegt majestätisch, aber still an der Grenze zwischen Indien und Pakistan. Ihre Mauern, Türme und Befestigungen sind heute nur noch die Behausungen wilder Tiere. Ursprünglich umfassten die sieben Kilometer langen Außenmauern eine blühende Stadt, die ihren Reichtum aus dem Handel mit Reis und dem Seehandel bezog. Nach einem Erdbeben im Jahr 1819 verlagerte der Fluss Indus jedoch sein Bett, das bis dahin direkt durch die Stadt verlaufen war. Danach fand die Siedlung ein schnelles, trauriges Ende. Heute wird Lakhpat vor allem von Touristen und religiösen Pilgern besucht – sie hat große Bedeutung für Sikh, Sufis und Hindus.

Diwan-i-Khas, Palast von Fatehpur Sikri, Uttar Pradesh, Indien
Die Stadt Fatehpur Sikri wurde im Jahr 1596 durch den Mogul-Kaiser Akbar gegründet und diente von 1571 bis 1585 als Hauptstadt. 1585 jedoch wurde die Palastanlage aufgegeben, teils wegen Problemen mit der Wasserversorgung, teils aus strategischen Gründen. Die Stadt selbst hat heute noch eine Bevölkerungszahl von etwa 30.000, aber die Palastanlage ist nur noch eine Touristenattraktion. Unter den zahlreichen erhaltenen Gebäuden ist auch der Diwan-i-Khas, die Halle für die Privataudienzen, die man auf diesem Foto sieht. Sie ist bekannt für ihre ausgefeilte Verwendung von Pfeilern und Säulen.

Bhangarh, Stadt Rajgarh, Rajasthan, Indien
Die Festungsstadt Bhangarh, die angefüllt ist mit verfallenen Hindu-Tempeln, wurde im Jahr 1573 gegründet. Um die Aufgabe der Stadt im 18. Jahrhundert ranken sich zahlreiche abergläubische Legenden. In allen geht es um einen Fluch, der auf die Stadt gelegt wurde. Die Menschen in der Region glauben, dass dieser Fluch bis heute besteht.

Beide Fotos:
Panam, Sonargaon, Narayangani, Bangladesh
Die Stadt Panam gehörte zu Sonargaon, einem riesigen Wirtschafts- und Handelszentrum Bengalens, das unter dem bengalischen Herrscher Isa Khan im 15. Jahrhundert sogar als Hauptstadt diente. Sonargaon stammte zwar aus dem Mittelalter, Panam jedoch wurde erst im 19. Jahrhundert von den Briten gegründet. Hier wurde der lukrative Baumwollhandel abgewickelt. Heute sind viele der imperialen Bauten Panams nur noch geisterhafte Ruinen. Allerdings hat das Ministerium für Archäologie einige Restaurierungsarbeiten durchführen lassen.

Mittlerer Osten

Der mittlere Osten ist eine Region von harscher geografischer Schönheit. Ein Großteil des Gebiets ist offenes, trockenes Land, in dem während vieler Monate Sand und Steine unter einer heißen Sonne liegen. Andere Regionen, vor allem in der Nähe größerer Flüsse und Gebirge, können sehr grün und fruchtbar sein. Ganz sicher muss man aber annehmen, dass das Klima und die Geografie im Verlauf der Geschichte schwierige Bedingungen für die Menschen stellten, vor allem was den Zugang zu Wasser angeht. Einige Geistersiedlungen im mittleren Osten sind ganz einfach die Folge von Schwierigkeiten mit der Wasserversorgung. Wenn die Quellen versiegten, mussten die Menschen weite Wege auf sich nehmen, um Trinkwasser zu finden, und konnten ihre Felder nicht mehr bewässern.

Trotz dieser harten Bedingungen blühen seit Jahrtausenden in der Region Kulturen, Zivilisationen und Reiche, die bei der Entwicklung von Kunst, Architektur, Städteplanung, Mathematik, Metallverarbeitung, Naturwissenschaft und Bildung eine Vorreiterrolle einnahmen. Die Region ist auch die Wiege der großen monotheistischen Religionen Judentum, Christentum und Islam. Doch die Zeit ist mit vielen Städten hier nicht eben freundlich umgegangen. Sie liegen heute verlassen da, nur von einigen Touristen gelegentlich besucht. Und die immer noch häufigen und verheerenden Kriege werden wohl weitere Geisterstädte hervorbringen.

LINKS:
Soltaniyeh, Iran
Vor einem strahlend blauen Himmel steht das Mausoleum von Oljaytu in Soltaniyeh. Es wurde in den Jahren 1302 bis 1312 als Grab des achten Ilkhanidenherrschers erbaut. Sein auffälligstes Merkmal ist die 50 Meter hohe Kuppel, die mit türkisfarbenen Fliesen verkleidet ist. Sie haben über all die Jahrhunderte ihre Farbe behalten. Das Grabmal liegt heute verlassen da, ist aber gesetzlich geschützt.

Sap Bani Khamis im Wadi an Nakhur im Gebirge Jebel Akhdar, Oman
Hoch in den Wänden des »Grand Canyon des Oman« gelegen, war Sap Bani Khamis die Wohnstätte von etwa dreißig Familien, als der Oman noch von Stämmen beherrscht wurde. In den 1970er Jahren wurde die Siedlung aufgegeben, die gut zu verteidigen war und Zugang zu Trinkwasser hatte. Man baute dort Gemüse und Getreide an.

Linke Seite:
Wadi Bani Habib, Oman
Dieses verlassene Dorf im Wadi Bani Habib ist eins von vielen architektonischen Zeugnissen im Gebirge Jebel Akhdar (»Grüner Berg«), etwa 150 Kilometer von der Hauptstadt Muscat entfernt. Das Gebirge ist bis zu 3000 Meter hoch und war in den 1950er Jahren Schauplatz eines erbitterten Krieges. In dieser Zeit wurden viele Bergdörfer verlassen.

Rechte Seite, beide Fotos:
Al Khuwayr, Ash Shamal, Qatar
Das Fischerdorf Al Khuwayr liegt an der Nordküste von Qatar. Ebenso wie mehrere weitere Dörfer in diesem Küstenabschnitt wurde Al Khuwayr in den 1970er Jahren aufgegeben, nachdem die Bewohner vor den schwierigen Lebensbedingungen kapituliert hatten. Die Reste der Häuser erzählen von der traditionellen Architektur in dieser extrem heißen Region. Dicke Mauern aus Korallensteinen und Marmor halfen, das Innere der Häuser kühl zu halten, und mehrschichtige Dächer schützten vor Hitze und Kälte.

Bahnhof der Hijaz-Railway, Saudi-Arabien
Dieser verlassene Bahnhof ist ein Zeuge des gescheiterten Bahnprojekts Hijaz Railway. Die Strecke wurde ab 1900 auf Befehl des osmanischen Sultans Abdulhamid III. gebaut. Der Sultan wollte eine Schienenverbindung zwischen Damaskus und den heiligen Städten Medina und Mekka errichten. 1908 erreichte die Strecke Medina und verbesserte die damaligen Reisemöglichkeiten dramatisch, aber während des arabischen Aufstands 1916 bis 1918 wurde ein Großteil der Schienen zerstört. Als das osmanische Reich unterging, wurde auch das Bahnprojekt aufgegeben.

Al-'Ula, Saudi-Arabien
Al-'Ula ist auch nach mehr als 2500 Jahren noch ein erstaunlicher Anblick. Die Stadt wurde im 6. Jahrhundert vor Christus gegründet und im 13. Jahrhundert nach Christus weithin neu aufgebaut. Zu dieser Zeit wuchs die Stadt innerhalb der Mauern auf etwa 800 Häuser aus Lehmziegeln und Stein an. Sie zeigt ein verwirrendes Labyrinth von Gassen, Mauern und kleinen Höfen.
Die letzten Einwohner verließen den Ort in den 1980er Jahren und zogen in die nahe gelegene moderne Stadt Al-'Ula.

Apamea, Syrien
Die antike griechisch-römische Stadt Apamea ist heute noch ein erstaunlicher Anblick. Sie wurde um 300 vor Christus gegründet und hatte in ihrer Hochzeit wohl bis zu 500.000 Einwohner. Der Blick führt hier durch den *Cardo Maximus*, die große Säulenallee, eine majestätische Straße, die im 2. Jahrhundert nach Christus gebaut wurde. Sie ist zwei Kilometer lang und damit die längste monumentale Säulenallee in der altrömischen Welt. Tragischerweise wurde der Ort vor Kurzem durch IS-Kämpfer teilweise zerstört.

Oben:
Queitra, Golanhöhen, Syrien
Quneitras Fluch war es, an der Frontlinie der Kämpfe zwischen syrischen und israelischen Truppen zu liegen. Die Stadt auf den Golanhöhen war während der Kriege von 1967 und 1973 in die Kämpfe verwickelt. Die Stadt wurde fast vollständig zerstört, und seitdem ist nur wenig wiederaufgebaut worden. Das Gebäude auf dem Foto diente den syrischen Truppen als Hauptquartier.

Unten:
Quneitra, Golanhöhen, Syrien
Dieses Foto vom Inneren eines Gebäudes in Quneitra zeigt deutlich, wie heftig die Stadt unter Artilleriebeschuss und Luftangriffen gelitten hat. Der Korridor wurde weggesprengt, und Geschossteile durchlöcherten alle Gebäudeteile, die nicht sofort zusammenbrachen.

Rechts:
Quneitra, Golanhöhen, Syrien
Innenansicht des Gebäudes ganz oben links. Das Graffiti bringt eine Ahnung von Frieden in die zerstörte Umgebung. 1973/74 wurde die ohnehin schon zerstörte Stadt von den Israelis vor ihrem Rückzug mit Bulldozern, Traktoren und Sprengstoff fast dem Erdboden gleichgemacht. Bis heute fristen ein paar Dutzend Menschen in den Ruinen ein kümmerliches Dasein.

St.-Gregor-Kirche in Tigran Honents, Ani, Türkei

Nur wenige verlassene religiöse Gebäude bieten einen so melancholischen Anblick wie die St.-Gregor-Kirche von Tigran Honents im türkischen Ani. Die Kirche wurde im 13. Jahrhundert hoch über der Arpaçay-Schlucht erbaut. In ihrem Inneren finden sich eindrucksvolle Fresken zu zwei Themen: das Leben Christi und das Leben des hl. Georg des Erleuchters. Ani ist eine zerstörte armenische Stadt in der heutigen türkischen Provinz Kars. Sie wurde im 5. Jahrhundert gegründet und diente während der Zeit des Bagratidischen Königreichs der Armenier (10./11. Jahrhundert) als Hauptstadt. Im 17. Jahrhundert wurde sie im Krieg zerstört.

Unten:
Kathedrale von Ani, Türkei
Ruinen einer christlichen Vergangenheit stehen verlassen in der kargen, schönen Landschaft von Ani. Dieses Gebäude ist die Kathedrale, die am südlichen Stadtrand lag. Ursprünglich besaß sie eine hohe Kuppel, das Gebäude sah also ganz anders aus, als es heute erscheint.

Rechte Seite:
Erlöserkirche, Ani, Türkei
Zwei starke Bilder der berühmten Erlöserkirche in Ani – oder eher ihrer Überreste nach Hunderten von Jahren des Verfalls. Die Kirche wurde im Jahr 1035 fertiggestellt und mehrmals restauriert, bevor man sie Mitte des 18. Jahrhunderts ebenso wie die Stadt endgültig Wind und Wetter überließ. Die östliche Hälfte der Kirche stürzte wohl 1957 ein. Die Menschen in der Umgebung erinnern sich an einen heftigen Sturm zu dieser Zeit, der begleitet wurde vom Lärm der einstürzenden Mauern.

Kayakoy, Fethiye, Türkei
Das Geisterdorf Kayakoy war einst eine lebendige griechisch-türkische Gemeinde. Die politischen Veränderungen nach dem Niedergang des osmanischen Reiches führten jedoch zur Ausweisung der christlichen Griechen. Danach verfiel das Dorf, und ein Erdbeben machte es endgültig unbewohnbar.

WELCOME TO SOLITAIRE
POPULATION
81 72 54 92

Afrika

Afrika ist in jeglicher Hinsicht ein erstaunlicher Kontinent. Das gilt ebenso für seine vielfältige und extreme Geografie wie für seine wechselhafte Geschichte. Die Geisterstädte in diesem Kapitel spiegeln diese Vielfalt und auch die starken historischen Kräfte, die seit Jahrtausenden hier am Werk sind. Am einen Ende der Erzählung stehen die antiken Ruinen Ägyptens, Denkmäler einiger der größten Zivilisationen der Menschheitsgeschichte, die weit vor dem römischen Reich und der Entstehung des Christentums erblühten. Am anderen Ende des Spektrums finden sich neue, erst wenige Jahre alte Geisterstädte, die in Folge der brutalen Konflikte unserer Zeit entstanden sind.

Ein großer Teil der afrikanischen Geschichte in den letzten dreihundert Jahren wurde durch den Aufstieg und Fall des Imperialismus und durch den Kolonialismus geprägt. Die europäischen Mächte, vor allem Großbritannien, Frankreich, Portugal, Italien und Deutschland, durchpflügten das Land auf der Suche nach Bodenschätzen und hinterließen ihren Fußabdruck, nicht zuletzt in der Architektur vieler heutiger Geisterstädte. Manche von ihnen gelten als erhaltenswert und wurden sogar restauriert. Andere, vor allem in besonders entlegenen Gebieten, wurden der Natur überlassen.

LINKS:
Solitaire, Region Khomas, Namibia
Wie das Schild zeigt, ist die Siedlung Solitaire in Namibia streng genommen keine Geisterstadt, da immer noch einige Menschen hier leben. Doch es gibt nur wenige öffentliche Einrichtungen, und die Lage innerhalb riesiger Weideflächen macht den Ort zu einem entlegenen Außenposten der Zivilisation.

Solitaire, Region Khomas, Namibia
Solitaire hat nur wenige öffentliche Einrichtungen, aber immerhin eine Tankstelle, wenn sie auch aus wenig mehr besteht als aus einer Zapfsäule zwischen Kakteen. Außerdem gibt es einen Lebensmittelladen, ein Postamt und eine Bäckerei.

Baia dos Tigres, Angola
Langsam, aber sicher versinken die Häuser von Baia dos Tigres in den Sanddünen. Die Insel liegt vor der Südwestküste von Angola und der heimtückischen Wüste Namib. Früher gab es hier eine aktive Fischergemeinde, aber die Brücke, die die Insel mit dem Festland verband, wurde in den 1960er Jahren zerstört, und die Siedlung wurde in den 1970er Jahren dem Treibsand überlassen.

ALLE FOTOS:
Grand-Bassam, Côte d'Ivoire
Schon im 15. Jahrhundert kamen die ersten französischen Entdecker an die Elfenbeinküste. Doch erst im 19. Jahrhundert geriet die Region unter französische Herrschaft. Grand-Bassam wurde von den Franzosen in den 1890er Jahren als Verwaltungszentrum erbaut und diente als Hauptstadt von Côte d'Ivoire, bis eine Gelbfieber-Epidemie im Jahr 1896 die Behörden dazu zwang, die Verwaltung nach Bingerville zu verlegen. Heute ist die Stadt in zwei Hälften geteilt, einen alten, spärlich bevölkerten französischen Kolonialbezirk – einige verfallene Häuser aus der Kolonialzeit sind auf den Fotos dieser Doppelseite zu sehen – und ein modernes Geschäftsviertel. Die Altstadt wurde 2012 von der UNESCO als Weltkulturerbestätte anerkannt, der daraufhin einsetzende Tourismus wurde aber 2016 durch ein al-Qaida-Attentat in einem nahe gelegenen Badeort gestoppt. Bei diesem Anschlag wurden 16 Personen getötet und 33 verletzt.

Festung von Shali, Oase Siwa, Ägypten
Die Oase Siwa liegt in einem isolierten Teil der westlichen Wüste Ägyptens. Menschliche Ansiedlungen gab es hier schon seit dem 10. Jahrhundert vor Christus. Die verfallene Altstadt ist ein bemerkenswertes, aber sehr vergängliches Zeugnis der Geschichte. Sie wird durch die organischen Formen der Festung von Shali überragt. Das Baumaterial Kershif, eine Mischung aus Salz und Lehm, erwies sich als wenig widerstandsfähig gegen Regen. Bei einem Wolkenbruch 1926 wurde ein Großteil der Stadt zerstört.

Umm el Howeitat, Safaga, Ägypten

Heute ist Umm el Howeitat kaum mehr als eine leere Hülle. Die Stadt wurde Anfang der 1920er Jahre erbaut, um Arbeiter aus dem Phosphatbergbau und ihre Familien unterzubringen. Die Bevölkerungszahl erreichte 16.000, es gab Schulen, Läden, ein Krankenhaus und Moscheen. Ein Sturm im Jahr 1996 führte jedoch zur Schließung des Bergwerks und raubte der Stadt die Lebensgrundlage. Schon im Jahr 2000 war sie vollständig verlassen.

Links:

Tawergha, Libyen

Tawergha ist eine moderne Geisterstadt, die im Jahr 2011 plötzlich aufgegeben wurde, nachdem Rebellentruppen die Stadt während des Aufstands im »arabischen Frühling« angriffen. Die Bewohner der Stadt wurden nach den heftigen Angriffen in alle Winde zerstreut und leben bis heute unter schwierigsten Bedingungen in Flüchtlingslagern.

Nächste Doppelseite:

Ouarzazate, Marokko

Der frühere Außenposten Ouarzazate in Marokko ist längst von den Kolonialherren aufgegeben, aber seine pittoreske, zeitlose Gestalt macht die Stadt zu einem idealen Film-Drehort für Hollywood-Produzenten. Sie wird vor allem dann eingesetzt, wenn man antike griechische, römische oder afrikanische Städte abbilden will.

Linke Seite:
Leydsdorp, Provinz Limpopo, Südafrika
Das verlassene Dorf Leydsdorp entstand in den 1880er Jahren in Folge eines Goldrauschs in den nahe gelegenen Bergen von Murchison Range. Goldschürfer und ihre Familien errichteten schnell ein paar provisorische Behausungen wie die weiß verputzten Häuser, die auf diesen Fotos zu sehen sind, und machten sich an die Arbeit in der Hoffnung, ein Vermögen zu erlangen.

Oben:
Leydsdorp, Provinz Limpopo, Südafrika
Der einstmals vornehme Empfangsbereich in einem der Bergwerke rund um Leydsdorp. Das Leben war hart für die etwa 3000 Bewohner von Leydsdorp. Viele starben an Malaria, und auch die ständige Gewalt, die immer wieder in den Bars der Stadt aufflammte, kostete zahlreiche Menschenleben. Leydsdorp wurde so schnell wieder aufgegeben, wie es gegründet worden war, als am Witwatersrand ergiebigere Goldvorkommen entdeckt wurden.

Linke Seite:
Suakin im nordöstlichen Sudan
Suakin oder Swakin war ein Hafenort am Roten Meer, 58 Kilometer südlich von Port Sudan. Die Errichtung von Port Sudan führte zur Aufgabe von Suakin, vor allem der Altstadt.

Oben:
Suakin im nordöstlichen Sudan
Suakin geht zwar bis in die Römerzeit zurück, erlebte seinen Aufstieg als arabisches Handelszentrum am Roten Meer aber vor allem im 10. Jahrhundert nach Christus. Im Mittelalter und in osmanischer Zeit hatte es eine düstere Geschichte als Hafen für den Sklavenhandel. Aber es war auch eine Etappe auf dem Pilgerweg nach Mekka. Auf dem Foto sieht man ein Minarett, das sich zwischen Ruinen erhebt.

Links:
Suakin im nördöstlichen Sudan
Die Altstadt von Suakin zeigt Gebäude aus Korallenstein, einem Material, das sich relativ leicht formen lässt und Mauern sowie Säulen ein großartiges Aussehen verleiht.

Tamerza, Tunesien
Die Oase Tamerza, umgeben von Bergen, ist ein bemerkenswertes, fruchtbares Fleckchen Erde in einer ansonsten kargen und trockenen Landschaft. Wegen der Wasservorräte, die aus den Bergen zufließen, entstand hier eine kleine Stadt. Welch eine Ironie des Schicksals, dass diese Stadt aufgegeben werden musste, nachdem in den 1960er Jahren eine heftige Überschwemmung viele Häuser beschädigt hatte.

Europa

Es ist schon überraschend, wenn man feststellt, wie viele Geisterstädte es auch in Europa gibt. Der europäische Kontinent (abgesehen von Russland) ist sehr dicht besiedelt – fast 750 Millionen Menschen leben hier (Stand 2015). Grundstücke und Wohnungen sind deshalb in vielen Ländern sehr teuer, sodass jeder freie Platz bebaut wird. Aber Europa ist auch eine Region mit großer geografischer, historischer und gesellschaftlicher Vielfalt, vielleicht mehr als alle anderen Regionen, von denen wir in diesem Buch berichten. Denken Sie nur an die klimatischen Unterschiede zwischen dem arktischen Teil Norwegens und dem subtropischen Süditalien oder Spanien. Vielfalt bringt Möglichkeiten hervor, aber auch Nischen der Ungleichheit, des Ausschlusses und der Instabilität. Und diese Bedingungen sind Voraussetzungen für die Entstehung von Geisterstädten. So gibt es denn auch ein ganzes Spektrum von Gründen für die Aufgabe der Dörfer und Städte, von denen in diesem Kapitel die Rede ist. An einigen Orten, beispielsweise in Italien, bilden die geologische Instabilität und eine allmähliche Landflucht den Hintergrund. Andere Orte erlebten ihren Niedergang, nachdem sie für militärische Zwecke eingesetzt wurden und später nicht wieder an ihre zivilen Bewohner zurückgegeben wurden. Wieder andere – darunter Tschernobyl und seine Umgebung – wurden innerhalb weniger Tage evakuiert; die Bevölkerung musste nach der beispiellosen Atomkatastrophe Hals über Kopf fliehen. Trotz des Wohlstands in Europa zeigen die Geisterstädte, dass manche Siedlungen einfach nicht dauerhaft bewohnt werden können.

LINKE SEITE:
Bussana Vecchia, Italien
Bussana Vecchia war ein typisches, schönes italienisches Bergstädtchen mit Wurzeln im 9. Jahrhundert. Am 23. Februar 1887 wurde es von einem entsetzlichen Erdbeben getroffen. Zweitausend Einwohner starben, und in der Folge wurde die Stadt aufgegeben. Auf dem Foto sieht man die leere Ruine der Hauptkirche.

Civita di Bagnoregio, Viterbo, Italien

Wenn man die spektakuläre Lage betrachtet, kann man sich kaum vorstellen, dass Civita di Bagnoregio in der Umgebung als »la cittá che muore«, die sterbende Stadt, bekannt ist. Doch die Stadt aus dem 13. Jahrhundert, die auf einem Vulkankegel über dem Tiber liegt, verfällt schon seit dem 18. Jahrhundert, nachdem sie durch Erdbeben und Erosion stark beschädigt worden war. Nur noch etwa zwölf Menschen leben ganzjährig hier.

Linke Seite Oben:
Argentiera, Sassari, Sardinia
Die Gründung von Argentiera wurde durch den Silberabbau in römischer Zeit veranlasst, und der Bergbau hielt die Stadt viele Jahrhunderte lang am Leben. Erst in den 1960er Jahren, als die Vorkommen erschöpft waren, wurde die Stadt aufgegeben. Anders als viele andere italienische Geisterstädte hat Argentiera ein ganz klar industrielles Flair. Jahr für Jahr zieht es viele Touristen an.

Linke Seite unten und rechte Seite:
Balestrino, Ligurien, Italien
Balestrino, 70 Kilometer südlich von Genua, ist eine der faszinierendsten Geisterstädte in Italien. Nach der Gründung im 11. Jahrhundert erlebte sie eine turbulente Geschichte. Der Niedergang begann mit der italienischen Eroberung im 19. Jahrhundert (Ligurien gehörte bis dahin zur selbstständigen Republik Genua) und wurde durch Erdbeben beschleunigt. Die letzten Bewohner verließen 1953 die Stadt. Dass die Stadt für Besucher gesperrt ist, macht sie noch faszinierender.

Pompeji, Campania, Italien
Die vermutlich bekannteste Geisterstadt der Welt, Pompeji, war eine blühende römische Stadt, bis im Jahr 79 nach Christus der Vesuv ausbrach und die Bevölkerung unter Tonnen von glühendem Bimsstein und Vulkanasche begrub. Doch der Erhaltungszustand der Gebäude und der versteinerten Toten unter der Asche führte dazu, dass die ausgegrabene Stadt heute einer der wichtigsten Touristenattraktionen der Welt ist. Etwa 2,5 Millionen Besucher zählt sie jedes Jahr.

Linke Seite, Oben:
Pompeji, Campania, Italien
Eine der vielen gepflasterten Straßen im alten Pompeji. Die erhöhten Steine sind Trittsteine, die es den Bewohnern erlaubten, die Straße zu überqueren, wenn sie nass oder schmutzig war. Wagenräder konnten dazwischen hindurchrollen.

Linke Seite Unten:
Pompeji, Campania, Italien
Schmale Gasse in Pompeji. Viele römische Städte folgten in der Anlage ihrer Straßen einem Raster, wie es heute beispielsweise in den USA angewandt wird.

Oben:
Pompeji, Campania, Italien
Durchgang in Pompejis berühmtem Amphitheater, das im Jahr 70 vor Christus erbaut wurde und in dem, wie auch in anderen römischen Arenen, die gewalttätigen Gladiatorenkämpfe gezeigt wurden. Trotz der Brutalität der Darbietungen war das Amphitheater selbst ein großartiges Bauwerk. Während des Ausbruchs des Vesuv wurde es komplett unter Asche begraben und überlebte wohl auch deshalb das Ereignis ohne größere Schäden. So sind Historiker heute in der Lage, die Anlage und ihre Funktionen genau zu studieren.

Herculaneum, Campania, Italien
Pompeji war nicht die einzige Stadt, die dem Vulkanausbruch im Jahr 79 zum Opfer fiel. Die nahe gelegene Stadt Herculaneum wurde ebenfalls zerstört, aber gleichzeitig durch eine Schlammlawine von den Hängen des Vulkans in ihrer damaligen Gestalt erhalten. Hunderte Menschen starben durch die extreme Hitze der Eruption. Die Mehrheit der Einwohner konnte aber fliehen.

Jánovas, Aragon, Spanien
Jánovas ist nur eines von vielen mehr oder weniger verlassenen Dörfern in dem pittoresken Ara-Tal in den Pyrenäen. Der Bevölkerungsrückgang dort ist im Wesentlichen eine Folge des Zusammenbruchs, den die traditionelle Landwirtschaft erlitten hat. So kam es zu einer starken Landflucht. Im Inneren dieser verlassenen Kirche sind die Farben der Wandmalereien noch gut erhalten.

Spinalonga, Griechenland
Vor der nordöstlichen Küste Kretas liegt die Insel Spinalonga, auf der von 1903 bis 1957 eine Lepra-Kolonie existierte. Der letzte Bewohner verließ die kleine Insel im Jahr 1962, und ihr historischer Hintergrund hat dazu geführt, dass sie bis heute unbewohnt blieb. Allerdings wird sie von vielen Touristen besucht.

Seseña Nuevo, Spanien
Seseña Nuevo ist ein Beispiel für die neue Generation an Geisterstädten, die weltweit entstehen. Diese Stadt, 70 Kilometer südlich von Madrid gelegen, war Teil eines riesigen Bauprojekts, das aufgrund eines juristischen Skandals während der Krise 2007/08 aufgegeben werden musste.

Seseña Nuevo, Spanien
Eine weitere Ansicht von Seseña Nuevo zeigt, wie groß dieses aufgegebene Neubauprojekt war. Ähnliche gescheiterte Bauprojekte existieren in ganz Europa, unter anderem in Irland und Italien.

26
SORTIE DE VOITURES
DÉFENSE DE STATIONNER
ATTENTION AU CHIEN
26

Goussainville-Vieux, Frankreich
Trotz seiner rustikal-mittelalterlichen Schönheit und der günstigen Lage 19 Kilometer nördlich von Paris ist Goussainville-Vieux heute menschenleer. In den 1970er Jahren zogen die ersten der einst 144 Familien weg, um dem ständigen Lärm der Flugzeuge zu entgehen, die auf dem neuen Flughafen Charles de Gaulle starteten und landeten. Der Absturz einer Tupolew Tu-144 während einer Flugschau, bei dem acht Einwohner getötet wurden, förderte den Wegzug zusätzlich.

Imber, Warminster, Wiltshire, England
Während des Zweiten Weltkriegs wurde die Bevölkerung von Imber evakuiert. Stattdessen zogen US-Soldaten ein, die auf der nahe gelegenen Ebene Salisbury Plain für den D-Day trainierten. Man sicherte den Bewohnern zu, dass sie nach dem Krieg zurückkehren könnten, aber dann verwandelte man das Dorf doch in ein dauerhaftes militärisches Übungsgelände. Zivilisten haben wegen der Nähe zu einem Testgelände für Sprengstoffe keinen Zugang.

Alle Fotos:
Tyneham, Dorset, England
Ähnlich wie Imber wurde auch das Dorf Tyneham 1943 für eine militärische Nutzung beschlagnahmt. Die 225 Bewohner verließen ihre Häuser 1943, während in der Region für den D-Day trainiert wurde. Auch dieses Dorf wurde nicht an die Besitzer zurückgegeben, sondern als Trainingsgelände für Infanterie und Panzer genutzt. Die Fotos zeigen einige Ansichten der Häuser, die wie in einer Zeitschleife gefangen scheinen – man beachte die altertümliche Telefonzelle. Die Evakuierung 1943 fand mit nur einem Monat Vorlauf statt; bis dahin mussten die Bewohner sich eine neue Behausung suchen. In dem offiziellen Brief der Regierung hieß es dazu: »Die Regierung ist sich der Tatsache bewusst, dass Sie ein großes Opfer bringen. Aber sie vertraut darauf, dass Sie diesen Beitrag zu den Kriegsanstrengungen mit großzügigem Herzen leisten.« Die Bewohner gingen freilich davon aus, dass sie nach dem Krieg zurückkehren würden. Eine von ihnen, Helen Taylor, hängte einen Zettel an die Tür der Dorfkirche, auf dem sie die neuen Bewohner ansprach: »Bitte behandeln Sie die Kirche und die Häuser sorgfältig. Wir haben unsere Häuser, in denen wir seit Generationen leben, aufgegeben, um zu helfen, den Krieg zu gewinnen und die Freiheit zu sichern. Eines Tages werden wir zurückkehren und Ihnen dankbar sein, wenn Sie unser Dorf freundlich behandeln.« Doch aus der Rückkehr wurde nichts, obwohl es noch bis 1974 immer wieder Eingaben an die Regierung gab. Immerhin bekamen die ehemaligen Bewohner die Erlaubnis, das Dorf zu betreten und am Wochenende zu besuchen. Tyneham ist heute Teil eines Trainigsgeländes für Panzerfahrer.

Nächste Doppelseite:
Pyramiden, Svalbard (Spitzbergen), Norwegen
Pyramiden war eine Bergbausiedlung auf der entlegenen arktischen Insel Svalbard. Sie wurde 1910 von den Schweden gegründet und 1927 an die Sowjetunion verkauft. Auf dem Höhepunkt ihrer Produktivität hatte die Siedlung etwa 1000 Einwohner. In den 1990er Jahren jedoch kam es zu einem Rückgang der Steinkohleförderung. Der letzte Bewohner verließ die Siedlung im Oktober 1998.

ПИРАМИДА
PYRAMIDEN
ЫДАНА ЭТА
ОННА УГЛЯ
ИРАМИДА

Pyramiden, Svalbard (Spitzbergen), Norwegen
Noch steht Pyramiden mit trotzigem Stolz aufrecht. Das Foto zeigt ein Denkmal für die früheren Bewohner und ihre Aktivitäten. Dahinter ist die letzte Tonne Steinkohle aufgeschüttet, die 1998 gefördert wurde. Wie so viele verlassene Orte ist Pyramiden heute eine Touristenattraktion. Kleine Hotels und Einrichtungen für Besucher wurden seither gebaut.

Beelitz-Heilstätten, Brandenburg
18 Kilometer südlich von Potsdam liegt das ehemalige Sanatorium Beelitz-Heilstätten, das 1898 erbaut wurde. Während des Ersten Weltkriegs diente es als Lazarett (Adolf Hitler verbrachte hier zwei Monate im Herbst 1916 als Patient); nach dem Zweiten Weltkrieg gehörte es den sowjetischen Besatzungstruppen in der DDR. Im Dezember 1990 wurde Erich Honecker als Patient hier aufgenommen, kurz nach seinem erzwungenen Rücktritt als Staats- und Parteichef. Nach dem Abzug der russischen Truppen 1995 verfielen viele der 60 Gebäude. Seit Ende der 1990er Jahre erlebt Beelitz-Heilstätten mit seiner verblassten Größe eine Renaissance als Location für Filmemacher und Fotografen.

Beide Fotos:
Olympisches Dorf der Olympischen Spiele in Berlin 1936, Elstal, Brandenburg
Das Gelände wurde aus Anlass der Olympischen Spiele in Berlin 1936 erbaut, es war aber von vornherein klar, dass es nach dem Ende der Spiele als Kaserne dienen sollte. Aus diesem Grund waren alle Gebäude aus armiertem Beton errichtet. In dem Dorf konnten 3600 männliche Olympiateilnehmer mitsamt ihren Trainern untergebracht werden. Die Sportlerinnen hatten ein eigenes Dorf in der Nähe des Olympiastadions. Das 55 Hektar große Gelände umfasste 136 einstöckige und fünf zweistöckige Häuser. Nach den Spielen zogen ein Infanterieregiment und ein Lazarett hier ein. Nach dem Krieg wurde die Kaserne von der Roten Armee übernommen, die es bis 1992 nutzte. Seitdem liegt das Gelände brach. Die Schwimmhalle wurde 1993 durch Brandstiftung stark beschädigt, 2011 aber wiederaufgebaut. Das ehemalige Olympische Dorf ist heute für Besucher zugänglich.

Beide Fotos:
Immerath bei Erkelenz, Nordrhein-Westfalen
Das Dorf Immerath wurde nach 2010 zur Geisterstadt, weil es einer Erweiterung des Braunkohle-Tagebaus in Garzweiler weichen musste. Die 1200 Einwohner wurden entweder in das 11 Kilometer entfernte Immerath-Neu umgesiedelt oder beschlossen, ganz wegzuziehen. Die Gräber auf dem Friedhof wurden ebenfalls umgesiedelt, eine neue Schule wurde gebaut, und im Januar 2018 wurde die Lambertuskirche aus dem 19. Jahrhundert abgerissen.

Linke Seite:
Spreepark, Berlin
Der Ostberliner Vergnügungspark wurde 1969 eröffnet und in den 1990er Jahren erweitert. Da er aber ständig Verluste einfuhr, wurde er 2002 geschlossen. Seitdem ist er eine beliebte Attraktion für »Stadterforscher«, auch wenn die rostenden Fahrgeschäfte natürlich nicht mehr funktionieren.

Rechte Seite:
Wunsdorf, Brandenburg
Wunsdorf, 40 Kilometer südlich von Berlin gelegen, war Sitz des sowjetischen Oberkommandos für Deutschland und beherbergte die größte Garnison der Roten Armee außerhalb der Sowjetunion. 75.000 Männer, Frauen und Kinder lebten hier. Es gab Läden, Schulen und Freizeiteinrichtungen. Als der Ort Anfang der 1990er Jahre verlassen wurde, blieben Relikte des Kalten Krieges zurück, darunter ein Lenin-Standbild, Denkmäler für die sowjetischen Soldaten und Propagandakunstwerke. Aber Wunsdorfs Militärgeschichte begann lange bevor es als »Klein-Moskau« bekannt wurde. Schon unmittelbar nach der Reichsgründung 1871 wurde es Militärstandort. Während des Ersten Weltkrieges war hier das Oberkommando der Reichswehr untergebracht, und ab 1935 war es Hauptquartier der Wehrmacht. Es gab Luftabwehr-Türme und Bunker, einige oberirdisch als Bauernhäuser getarnt (siehe oben). Als die Rote Armee nach dem Zweiten Weltkrieg einzog, wurden die Luftschutzbunker im Einklang mit dem Potsdamer Abkommen zerstört. Viele andere gesicherte Gebäude wurden aber für den Aufbau der Garnison genutzt.

Alle Fotos auf dieser Doppelseite:

Kłomino, Polen

Kłomino in der Nähe von Szczecinek (Neustettin) im nordwestlichen Polen ist eines von mehreren geisterhaften Denkmälern der Vergangenheit. Während des Zweiten Weltkrieges wurde es von den Deutschen besetzt, die es in »Westfalenhof« umbenannten und sowohl als Garnison als auch als Lager für polnische und französische Kriegsgefangene nutzten. Nach der Befreiung durch die Rote Armee 1945 wurde das Dorf eine sowjetische Militärbasis. Erst 1993 zogen die Soldaten ab. Versuche der polnischen Regierung, Käufer für das Gelände zu finden, die es wiederaufbauen, blieben bisher ohne Erfolg.

Kopacze, Ukraine
Ein unheimlicher Anblick – rostende Stockbetten im ehemaligen Kindergarten von Kopacze, einem Dorf, sieben Kilometer von Tschernobyl entfernt. Das Dorf musste aufgegeben werden, als der Reaktor Tschernobyl 4 am 26. April 1986 eine katastrophale Überhitzung erlebte, die heftige Explosionen, Feuer und eine ungeheure Emission von Radioaktivität zur Folge hatte.

ХАЙ

Pripjat, Ukraine
Pripjat ist eine der berüchtigtsten Geisterstädte der Welt. Sie wurde nach der Atomkatastrophe von Tschernobyl verlassen, aber inzwischen sind die Strahlungswerte so weit gesunken, dass es Bestrebungen gibt, die Stadt wieder zu besiedeln. Im Moment existiert aber noch eine 30-Kilometer-Sperrzone um den havarierten Reaktor, die auch Pripjat einschließt.

Nordamerika

Die Geisterstädte dieses Kapitels sind Zeugnisse dessen, was wir gern den »amerikanischen Traum« nennen, aber sie zeugen auch von der Zerbrechlichkeit und Vergänglichkeit dieses Traums. Viele Orte wurden in einem plötzlichen Ausbruch wirtschaftlicher Aktivität gegründet, beispielsweise nach der Entdeckung von Gold- oder Silbervorkommen oder während der starken Expansion des Eisenbahnnetzes. Für kurze Zeit, in der Regel weniger als hundert Jahre, erblühten diese Gemeinden in der schönen, aber gnadenlosen Wildnis. Einige Bewohner machten ein Vermögen, die meisten anderen konnten gut leben, aber irgendwann endete der Traum. Die Gold- und Silbervorkommen waren erschöpft, schnell oder allmählich eintretende Naturkatastrophen machten Neubauten nötig, Straßen und Eisenbahntrassen wurden verlegt, oder das harte Leben machte den Bewohnern so zu schaffen, dass sie wegzogen. So wurden aus lebendigen Städten irgendwann Geisterstädte. Doch sie haben eine kraftvolle Botschaft. Auf der einen Ebene sprechen sie die Warnung aus, dass wirtschaftlicher Erfolg nicht von Dauer sein kann und sich irgendwann erschöpft. Auf der anderen Ebene jedoch legen sie auch Zeugnis davon ab, wie der amerikanische Kontinent durch wirtschaftliches Streben und Optimismus geprägt wurde. An den schwierigsten Orten ließen sich Menschen nieder und schafften es, ihren Lebensunterhalt zu verdienen. Sie waren Beispiele dafür, was Willenskraft bewirken kann.

LINKS:
Kennecott Mines, Valdez-Cordova, Alaska, USA
Kennecott Mines war ein entlegener Außenposten in Alaska, wo Kupfer abgebaut wurde. Die Kennecott Mining Company betrieb hier fünf Bergwerke. 1903 wurde die Siedlung gegründet. Die Löhne waren höher als der Durchschnitt und zogen viele Arbeiter an. Doch Ende der 1930er Jahre waren die Kupfervorkommen erschöpft und die Stadt wurde aufgegeben.

Salton City, Kalifornien, USA
Salton City fiel letztlich der Umweltzerstörung zum Opfer. In den 1950er und 1960er Jahren befand sich hier ein sehr beliebter Ferienort. Er lag am Ufer des Salton Sea, einem Binnensee, der vom Colorado River gespeist wurde. Doch in den 1970er Jahren wurden durch Pflanzenschutzmittel sämtliche Fische getötet, und ihre stinkenden Überreste vertrieben die Feriengäste. Heute lebt hier niemand mehr, und die Häuser verfallen.

Butedale auf Princess Royal Island, British Columbia, Kanada
So pittoresk die Ruinen auch sind, diese ehemalige Fabrik für Lachskonserven ist heute praktisch menschenleer. Nur ein paar selbstversorgende Hausbesetzer leben noch hier. Viele der Geisterstädte in den USA und Kanada sind Zeugen der industriellen Ausbeutung natürlicher Ressourcen, die irgendwann erschöpft sind, sodass sich einzelne Unternehmen oder ganze Städte nicht mehr halten können.

Dorothy, Alberta, Kanada
Dieses verlassene Wohnhaus ist ein Inbegriff der Isolation. Es gehört zu einer Reihe von verlassenen Gebäuden in dem Dorf Dorothy im kanadischen Bundesstaat Alberta. Dorothy wurde nach der Tochter eines Ranchers benannt und entstand Anfang des 20. Jahrhunderts. Die Bevölkerung wuchs stetig bis auf 100 Einwohner an. Finanzielles Herzstück der Ansiedlung waren drei riesige Getreidespeicher. Als sie verfielen, war das Ende der Ansiedlung nicht mehr fern.

USE
POOL COOP FLOUR
SASKATCHEWAN
POOL

Linke Seite oben:
Fusilier, Saskatchewan, Kanada
Die Stadt wurde verlassen, als im Jahr 1938 eine Fabrik für Natriumsulfat schloss und die Weltwirtschaftskrise die Stadt traf.

Linke Seite unten:
Galilee, Saskatchewan, Kanada
Wie bei vielen anderen verlassenen Dörfern in Saskatchewan vollzogen sich auch in Galilee Aufstieg und Niedergang innerhalb von 50 Jahren. Das Dorf wurde 1913 gegründet und in den 1950er und 1960er Jahren verlassen.

Rechte Seite oben:
Neidpath, Saskatchewan, Kanada
Das Dorf Neidpath wurde nach dem schottischen Schloss Neidpath Castle nahe Peebles benannt.

Rechte Seite unten:
Namu, British Columbia, Kanada
Namu im Great Bear Rainforest an der Küste von British Columbia war ein Fischerdorf mit Konservenfabrik, das 1893 gegründet und in den 1970er Jahren aufgegeben wurde. Das Öl in den rostenden Schiffen stellt heute eine große Gefahr für die Umwelt dar.

DIESE SEITE OBEN:
Ashcroft, Castle Creek Valley bei Aspen, Colorado, USA
Ashcroft wurde im 19. Jahrhundert als Siedlung rund um ein Silberbergwerk gegründet. Später nutzte die US 10th Mountain Division es als Wintertrainingslager.

RECHTE SEITE:
St. Elmo, Colorado, USA
St. Elmo ist hervorragend erhalten. Es war ebenfalls eine Bergwerkssiedlung; hier wurden Gold und Silber abgebaut. Zu den besten Zeiten lebten 2000 Menschen dort.

DIESE SEITE UNTEN:
Animas Forks, Colorado, USA
Hoch in den Bergen von San Juan liegt die Bergwerkssiedlung Animas Forks, die im 19. Jahrhundert gegründet und in den 1920er Jahren verlassen wurde. Ursprünglich hieß die Siedlung Three Forks of the Animas, was auf die drei Flüsse in der Umgebung hinweist. Viele Menschen verließen die Siedlung wegen der Bedingungen im Winter, vor allem nachdem die Bergwerke keinen Gewinn mehr abwarfen.

DEAD
END

Johnsonville, Connecticut, USA
Die Fabriksiedlung Johnsonville produzierte hauptsächlich Material für die Fischerei. Der letzte Bewohner verließ die Stadt 1998, aber sie verströmt immer noch einen altmodischen Charme. 2014 wurde die gesamte Stadt für 1,9 Millionen Dollar verkauft.

Bannack, Montana, USA
Unter einer winterlichen Schneedecke liegt die verlassene Stadt Bannack. 1892 gegründet, war Bannack kurze Zeit sogar Hauptstadt von Montana und wuchs zu einer beachtlichen Bevölkerungszahl von etwa 10.000 an. Viele waren in der Goldförderung beschäftigt. Etwa 60 historische Gebäude existieren bis heute. Die Stadt wurde 1961 unter Denkmalschutz gestellt.

Dooley, Montana, USA
Diese verlassene Kirche ist das letzte Zeugnis der Stadt Dooley im Sheridan County, Montana. Sie wurde 1913 gegründet, und zwar als Haltepunkt einer Nebenstrecke der Soo Line Railroad. Bald entstand eine Siedlung mit Läden, einem Postamt, der Rocky Valley Lutheran Church (siehe Foto) und drei großen Getreidespeichern. Doch die Stadt schien das Unglück anzuziehen: Feuer, Tornados, Krankheiten und harte Winter raubten den Menschen den Mut. 1957 wurde die Stadt aufgegeben.

Goldfield, Nevada, USA
Goldfield ist nicht komplett verlassen, aber verglichen mit den 30.000 Einwohnern zur Blütezeit 1913 sind die heute etwa 250 Menschen nur noch ein trauriger Rest. Die Stadt wurde 1903 im Zuge des Goldrauschs gegründet. 1906 wurde Gold im Gegenwert von 1,1 Millionen Dollar hier gefördert. Aber die Vorkommen erschöpften sich sehr schnell, und die Profite sanken so schnell, wie sie gestiegen waren.

STOP

MOTEL
F INT
CAFE

Glenrio, New Mexico/ Texas, USA

Glenrio liegt genau auf der Grenze zwischen New Mexico und Texas. Die Tankstellen der Stadt wechselten sogar immer wieder die Adresse, um ihr Benzin zu den Preisen des jeweils profitableren Bundesstaates anbieten zu können. Dieser entlegene Außenposten war ursprünglich ein Haltepunkt der Rock Island and Pacific Railroad und an den Überlandstraßen Ozark Trail und Route 66. Als jedoch die Verkehrswege sich änderten und Glenrio links liegen ließen, verfiel die Stadt. In den 1980er Jahren wurde sie aufgegeben.

Linke Seite oben:
White Oaks, New Mexico, USA
Der 1885 erbaute Brown Store ist eines der historischen Gebäude in White Oaks. Wie so viele Städte im Süden der USA wurde auch White Oaks im 19. Jahrhundert im Zuge des Goldrauschs gegründet. Billy the Kid besuchte diesen lebendigen Ort. Der Niedergang kam, als die Goldvorkommen erschöpft waren und die Eisenbahn nicht mehr anhielt.

Linke Seite unten:
Mogollon, New Mexico, USA
Auf einer Höhe von 2702 Metern im Gila National Forest liegt Mogollon mit seinem schönen Blick über den Silver Creek Canyon. Die Berge in der Umgebung hatten reiche Gold- und Silbervorkommen, die um 1870 zur Gründung von Mogollon führten, aber als die Förderung nachließ, wurde die Stadt Anfang des 20. Jahrhunderts aufgegeben.

Rechte Seite:
Mogollon, New Mexico, USA
Auch auf diesem im Sommer aufgenommenen Foto sieht man verlassene Häuser in Mogollon. Tatsächlich war das Leben hier für die meisten Bewohner sehr hart. Viele Bergarbeiter litten unter Atemwegserkrankungen, und die Stadt wurde immer wieder durch Feuer und Überschwemmungen teilweise zerstört.

Grafton, Utah, USA

Grafton war eine Landgemeinde, in der hauptsächlich Baumwolle, Weizen und Alfalfa angebaut wurden. Die Menschen mussten zäh sein und harte Winter sowie gelegentliche Angriffe der Ureinwohner aushalten. Wohl auch deshalb verließen viele die Siedlung wieder. Einige Gräber der ersten Siedler sind heute noch auf dem Friedhof zu finden.

1878

Süd- und Mittelamerika

Oft wird man zuerst auf die Lage einer Geisterstadt aufmerksam. Das gilt auch für die Orte in diesem Kapitel, die in unglaublich schöner Umgebung liegen, hoch auf einem Andenplateau oder tief im Regenwald des Amazonas. Die natürliche Umgebung ist häufig spektakulär und pittoresk und bildet einen majestätischen Hintergrund für die verlassenen Ansiedlungen. So wirken sie noch romantischer.
Doch man muss bedenken, dass es einen Unterschied ausmacht, ob man diese Orte mit den Augen des Reisenden betrachtet oder ob man dort lebt. Arbeiter an entlegenen Orten in Süd- und Mittelamerika hatten nur wenig Zeit und Energie übrig, um die Schönheit ihrer Umgebung wahrzunehmen. Oft litten sie unter Erschöpfung oder berufsbedingten Krankheiten, und sie litten zusätzlich unter den harten natürlichen Bedingungen: kalte Winter, dünne Luft und/oder tropische Schwüle.
Und was passierte mit ihnen, wenn das Bergwerk schloss und die Ansiedlung sich auflöste? Bedenkt man dies alles, so nötigen einem die ehemaligen Bewohner dieser Geisterstädte besonderen Respekt ab. Sie verdienten ihren Lebensunterhalt unter enorm schwierigen Bedingungen.

LINKE SEITE:
Ojuela, Coahuila, Mexiko
Diese alte Kirche zeigt, dass den Arbeitern von Ojuela im Norden Mexikos der Glaube wichtig war. Der Bergbau setzte in diesem Gebiet bereits im 16. Jahrhundert ein, aber die Stadt erblühte erst im 19. Jahrhundert. Anfang des 20. Jahrhunderts waren die Bodenschätze dann erschöpft.

Pulacayo, Bezirk Potosí, Bolivien
Pulacayo im Südwesten Boliviens ist eine ehemalige Silberbergwerksstadt aus dem 19. Jahrhundert, die in dem trockenen Klima erstaunlich gut erhalten blieb. Die Dampfloks sind ein ganz besonderes Merkmal dieser Geisterstadt, darunter auch El Chiripa, die erste Dampflok Boliviens überhaupt. Aber auch der Zug, der von Butch Cassidy und Sundance Kid ausgeraubt wurde, ist hier zu sehen.

Pulacayo, Bezirk Potosí, Bolivien
Diese Ansicht von Pulacayo zeigt die Ausdehnung der Siedlung. Die Silberbergwerke in den nahen Bergen erstreckten sich mehrere Kilometer unter der Erde und können heute noch in Begleitung eines ortskundigen Guides besichtigt werden. Die Bergwerke wurden 1959 geschlossen – damit endete die Geschichte dieser Stadt.

Linke Seite:
San Antonio de Lipez, Uyuni, Bolivien
Die Geschichte dieser Goldstadt beginnt im 16. Jahrhundert. Heute wird hier nur noch Landwirtschaft betrieben, vor allem Viehzucht (Schafe und Lamas), Kartoffel- und Quinoa-Anbau.

Rechte Seite oben:
San Antonio de Lipez, Uyuni, Bolivien
Auch auf diesem Foto sieht man die verfallenen Häuser von San Antonio de Lipez. Zur Blütezeit der Stadt lebten hier 150.000 Menschen, die in den nahe gelegenen Bergwerken arbeiteten.

Rechte Seite unten:
San Antonio de Lipez, Uyuni, Bolivien
Düstere Legenden ranken sich um den verlassenen Ort. Einige erzählen von Bergarbeitern, die einen Pakt mit dem Teufel eingingen, um reich zu werden, dann aber den Pakt nicht einhielten und verflucht wurden.

Alle Fotos:
Fordlândia, Pará, Brasilien
Fordlândia war ein außergewöhnliches wirtschaftliches und soziales Experiment, initiiert von keinem Geringeren als Henry T. Ford. Er kaufte das Land Mitte der 1920er Jahre und wollte eine große Gummifabrik bauen, um auf diese Weise das britische Monopol auf Gummi zu brechen. Außerdem hatte er die Absicht, eine utopische Gemeinschaft für die geschätzten 10.000 Arbeiter zu gründen. Die Bauarbeiten begannen 1929 und umfassten moderne Einrichtungen wie ein Krankenhaus, Schulen, eine Bibliothek, einen Golfplatz, ein Schwimmbad und Tanzhallen. Doch ein Utopia wurde nicht daraus. Die Arbeit war hart, und die Bevölkerung wurde sehr strengen Regeln unterworfen. Die amerikanischen Manager hatten keine Ahnung von den Menschen und den tropischen Plantagen, und so fuhr die Fabrik fast nur Verluste ein. 1930 kam es zu gewaltsamen Aufständen, und 1934 gab Ford das Projekt auf.

Chaitén, Region Los Lagos, Chile
Chaitén lag friedlich im Schatten des gleichnamigen Vulkans, bis dieser nach 9000 ruhigen Jahren im Jahr 2008 ausbrach. Die Bewohner der Stadt verließen ihre Häuser unter dem Ascheregen, und am 12. Mai desselben Jahres überschwemmte eine Schlammwelle des Rio Blanco die gesamte Stadt und zerstörte Häuser und Infrastruktur.

Chuquicamata, Chile
Chuquicamata sieht für eine Geisterstadt überraschend modern aus. Tatsächlich wurde die Stadt für die Arbeiter des nahe gelegenen riesigen Kupfertagebaus gebaut. Doch 2007 wurde die Stadt aufgegeben, als man feststellte, dass die Luft gesundheitsgefährdende Mengen Staub und Gas enthielt, die vom Bergwerk herübergeweht wurden.

Humberstone, Atacama-Wüste, Chile
Während des späten 19. und frühen 20. Jahrhunderts fand fast der gesamte Salpeterabbau weltweit in der Atacama-Wüste statt. Humberstone war eine von mehreren Siedlungen, die dem Salpeterabbau dienten. Sie wurde 1872 gegründet und nach James Humberstone benannt, einem britischen Chemiker. Die chilenische Nitratindustrie brach während des Ersten Weltkriegs zusammen, als synthetische Ersatzstoffe erfunden wurden. Wenig später war Humberstone bereits eine Geisterstadt.

Sewell, Anden, Chile
Diese außergewöhnliche Bergbausiedlung in 2000 Metern Höhe in den Anden wurde 1905 von der Braden Copper Company gegründet. Sie beherbergte die Arbeiter des größten Untertage-Kupferbergwerks weltweit: El Teniente. Logistische Schwierigkeiten und Verschiebungen in den Besitzverhältnissen führten zur Aufgabe in den 1970er Jahren.

San Juan Parangaricutiro, Michoacán, Mexiko
Die Vulkanschlacke rund um die trotzig aufragende Kathedrale legt Zeugnis davon ab, warum die Stadt aufgegeben wurde. Der nahe gelegene Vulkan Parícutin brach 1943 aus und begrub die Stadt unter Asche und Lava.

Australien

Das gemeinsame Merkmal der Geisterstädte in diesem Kapitel ist ihre Abgelegenheit. Australien ist ein riesiger Kontinent, das sechstgrößte Land der Welt, aber 89 Prozent seiner gerade 25 Millionen Bewohner siedeln in einem schmalen Küstenstreifen. Der Kontinent hat eine Fläche von 7,7 Millionen Quadratkilometern, was vielleicht verdeutlicht, wie unglaublich dünn besiedelt das Land ist. Tatsächlich ist Australien das Land mit der zweit-geringsten Bevölkerungsdichte. Nur die Mongolei ist noch dünner besiedelt. 90 Prozent des Landes gelten offiziell als unbewohnbar, vor allem wegen Wassermangels und mangelnder Eignung für die Landwirtschaft. Doch die Geisterstädte in diesem Kapitel zeugen von den Versuchen, in dieser unwirtlichen Wildnis trotz aller Hindernisse zu überleben. Oft lagen sie in der Nähe eines Bergwerks oder einer Eisenbahnstrecke und wuchsen sehr schnell. Kiandra beispielsweise wuchs in weniger als einem Jahr von Null auf mehr als 10.000 Bewohner. Aber wenn die Bergwerke erschöpft waren und nicht mehr genug Profit abwarfen, leerten sich die Städte auch sehr schnell wieder. Der Wassermangel im Binnenland und die gefährlichen Wildtiere im Outback, der Mangel an Vegetation und die tropischen Temperaturen führten dazu, dass nur die härtesten und vielleicht auch verrücktesten Menschen hier blieben.

Linke Seite:
Farina an der Straße von Lyndhurst nach Marree, Australien
Das Foto zeigt die Überreste des Transcontinental Hotel in Farina, einer Siedlung im Outback etwa 650 Kilometer nördlich von Adelaide. Die landwirtschaftlich geprägte Gemeinde wurde 1878 gegründet und umfasste zu ihren Hochzeiten 600 Seelen, aber das grausame Klima führte dazu, dass sie irgendwann aufgegeben wurde.

Gwalia, West-Australien
Bis 1963 lebte die Stadt Gwalia von der nahen Goldmine Sons of Gwalia, einer der größten Goldförderstellen des Landes. Ein Großbrand in dem Bergwerk 1921 legte die Förderung weitgehend lahm, und 1963 wurde es aufgrund finanzieller und technischer Probleme geschlossen. Damit war auch das Schicksal der Stadt besiegelt. Seit den 1980er Jahren gibt es aber interessanterweise Versuche, die Goldförderung wieder aufzunehmen.

UDE 216
6LX 946
UES 044
TS•5147
6ZW 079
553 452
WOH 866
L•1471
L•267
6EY 937
DE 2
519 026
9RW 404
L•232
L•1900
L•513
81J 722
L•242
DE•1744
UAX 442
FARM
L•264
6EY 937
6LS 085
9ET 709
L•120
L•225
L•10
8KY 597
BY23688
L•811
AR•9671
UEY 043
Y•779
L•237
Disneyland
TOWE
L•271
DE•1744
M•723
6DR 216
BX 830
UGC 899
UYW 102
UEN 359
DA•3157
8PP 810
L•213
YL
7AJ 367
1AFW 245
6JB 807
580 938
MICHELIN

Kiandra, New South Wales, Australien

Die Ureinwohner hatten im Gebiet um Kiandra schon seit Jahrhunderten gelebt. 1859 brach die Außenwelt in die Region ein. Tausende Goldschürfer bauten sich provisorische Behausungen, nachdem in den Snowy Mountains Gold gefunden worden war. Die meisten verließen die Gegend innerhalb der ersten zwei Jahre ebenso schnell, wie sie gekommen waren. Bis 1905 wurde in Kiandra noch ein wenig Gold gefördert, dann wurde die Stadt zum größten Teil aufgegeben. Da es dort im Winter schneit, gibt es jedoch Skirennen in der Nähe von Kiandra.

Linke Seite und diese Seite oben:
Kiandra, New South Wales, Australien
Bilder von Kiandra während der angenehmeren Jahreszeit. Die spärlichen Überreste geben kaum einen Eindruck von der Siedlung zu ihrer Blütezeit. Damals hatte die Stadt etwa 15.000 Einwohner und nicht weniger als 14 Pubs und 54 Geschäfte verschiedenster Art. Viele der Bewohner waren chinesische Einwanderer.

Unten:
Newnes, New South Wales, Australien
Newnes liegt 189 Kilometer nordwestlich von Sydney. Hier wurde Ölschiefer abgebaut. Auf dem Foto sieht man einen der aus Ziegeln gebauten Vorratsbehälter der Commonwealth Oil Corporation aus dem frühen 20. Jahrhundert. Die Siedlung hatte ein kurzes Leben; 1940 wohnten nur noch vier Familien in der Gegend. Doch einige von ihnen blieben bis in die 1980er Jahre – es gab in Newnes sogar ein Hotel.

Silverton, New South Wales, Australien

Silverton entstand in den 1880er Jahren als eine von vielen entlegenen Bergbausiedlungen. Hier wurden Silber, Blei und Zink gefördert. Ende des Jahrzehnts hatte sich eine richtige Stadt entwickelt, mit eigenem Stadtrat, Geschäften, Sportmannschaften und einer Eisenbahnlinie, die sie mit der Außenwelt verband. Doch die Entdeckung größerer Vorkommen an Bodenschätzen im nahe gelegenen Broken Hill führte zum Niedergang der Stadt. Viele Häuser in Silverton wurden abgebaut und in Broken Hill wiederaufgebaut. Einige wenige Menschen, etwa 40, leben bis heute in Silverton.

Mount Mulligan, Queensland, Australien
Mount Mulligan ist eine Steinkohlestadt mit tragischer Geschichte. 1921, elf Jahre nach Eröffnung des Bergwerks, tötete eine riesige Explosion unter Tage sämtliche 75 Bergarbeiter. Von diesem schrecklichen Ereignis erholte sich die Siedlung nie mehr. In den 1960er Jahren war sie bereits praktisch eine Geisterstadt. Auf dem Foto sieht man einige Überreste des Bergwerks, die inzwischen aber ganz überwuchert sind.

MOLIAGUL SCHOOL №746

Moliagul, Victoria, Australien
202 Kilometer nordwestlich von Melbourne lag die kleine Bergbausiedlung Moliagul, die eine gewisse Berühmtheit erlangte. Am 5. Februar 1869 fanden die Schürfer John Deason und Richard Oates dort den größten Goldnugget der Geschichte. Man gab ihm den Namen »Welcome Stranger Nugget«; er wog mehr als 72 Kilogramm. Doch wie so viele Bergbausiedlungen wuchs auch Moliagul schnell und verschwand ebenso schnell wieder. In den 1970er Jahren wurde es zur Geisterstadt.

Witenoom, Pilbara, West-Australien
1106 Kilometer nordöstlich von Perth gelegen, war Witenoom eine landwirtschaftlich geprägte Siedlung, bis in den 1930er Jahren der Asbest-Abbau begann. Drei Jahrzehnte lang wurde hier blauer Asbest produziert, aber die Gesundheitsgefahren, die dieses Material mit sich brachte, führten dazu, dass sowohl der Abbau als auch die Stadt in den 1960er Jahren aufgegeben wurde.

Antarktis

Eine Aktivität beherrscht die folgenden Seiten: der Walfang. Das Töten von Walen, um Fleisch, Öl, Blubber und andere Produkte zu bekommen, hat eine sehr lange Geschichte, aber im 19. und 20. Jahrhundert intensivierte sich der Walfang zu einer Industrie, die fast zur Ausrottung zahlreicher Walarten führte. Fangschiffe mit explosiven Harpunen und schnellen Motoren sorgten für ein regelrechtes Abschlachten der Wale auf offenem Meer. Man schätzt, dass seit Anfang des 20. Jahrhunderts mehr Wale getötet wurden als in den 400 Jahren davor.

Bis zur Entwicklung von Fabrikschiffen, auf denen die Wale gleich weiterverarbeitet werden konnten, fand ein Großteil der Verarbeitung in Walfangstationen statt, wie sie in diesem Kapitel vorgestellt werden. Die Inseln der Antarktis lagen in der Nähe der besten Walfanggebiete und waren deshalb besonders beliebte Standorte für diese Stationen. Doch die Lebensbedingungen in dieser kargen Landschaft waren grausam und unwirtlich. Als der Walfang Anfang des 20. Jahrhunderts wegen Überfischung praktisch zusammenbrach, wurden die Walfangstationen sich selbst überlassen.

LINKE SEITE:
Deception Island, Antarktis
»Deception« heißt Betrug … Diese Station war von 1819 bis 1920 ein Zentrum für die Verarbeitung von Robbenfellen und Walen. Als die Verarbeitung der Wale auf hohe See verlegt wurde, verlor die Station ihre Lebensgrundlage, wurde aber noch eine Weile als Forschungsstation genutzt. Die Lage am Fuß eines aktiven Vulkans war jedoch immer problematisch.

Prinz-Olav-Walfangstation, South Georgia, Südatlantik
Diese Station an der Nordküste von South Georgia verdiente ihr Geld mit Robbenfellen und Walfleisch, -tran und -blubber. Sie gehörte den Norwegern, daher auch der Name, der sich auf Kronprinz Olav bezieht. Die Station wurde 1931 aufgegeben.

Grytviken Walfangstation, South Georgia, Südatlantik
Grytviken, ein Inbegriff eisiger Isolation, war eine weitere Walfangstation im Südatlantik. Als die Fangzahlen wegen der exzessiven Überfischung nachließen, wurde auch sie aufgegeben. Zwischen den verfallenen Gebäuden liegen noch die bleichen Knochen von Tausenden Walen, die hier abgeschlachtet wurden.

Alle Fotos:
Grytviken Walfangstation, South Georgia, Südatlantik
Die hier wiedergegebenen Fotos stammen aus der Umgebung der Walfangstation Grytviken. Sie zeigen die erbarmungslose Natur in diesem entlegenen Teil der Welt. Vorratstanks und Gebäude verfallen, und auch die Fangschiffe versinken langsam am Anleger, ihr Rumpf durchlöchert von Rost und eisigem Salzwasser. Trotz seiner Lage war Grytviken immer wieder durchaus im öffentlichen Bewusstsein. Der große britische Entdecker Sir Ernest Shackleton nutzte Grytviken als Basis für eine Rettungsexpedition, um die Männer zu finden, die bei der schicksalhaften Trans-Antarktis-Expedition 1914 bis 1917 in Lebensgefahr geraten waren. Shackletons Grab liegt ein wenig südlich von Grytviken, umgeben von Gräbern verstorbener Walfänger. Grytviken war auch der Schauplatz einer der ersten Schlachten im Falkland-Krieg 1982. Am 3. April landeten hier argentinische Marineangehörige und lieferten sich ein zweistündiges Gefecht mit einer Einheit der 22. Royal Marines. Die Briten, die in Unterzahl waren, mussten schließlich aufgeben, aber sie gerieten nur für kurze Zeit in Gefangenschaft, weil britische Streitkräfte drei Wochen später zurückkehrten und Grytviken am 25. April zurückeroberten. Bis heute leben hier etwa 20 Menschen, die sich um die gelegentlichen Besucher kümmern. Die Station gilt heute als Gebiet von besonderem touristischen Interesse, und im Haus des einstigen Vorstehers befindet sich ein Museum.

ALLE FOTOS:
Leith Harbour, South Georgia, Südatlantik
Leith Harbour wurde die heute als eher zweifelhaft beurteilte Ehre zuteil, die größte Walfangstation der Welt zu sein. Sie war eine von sieben Walfangstationen an der Küste von South Georgia. Während ihrer aktiven Zeit von 1909 bis 1965 verarbeitete die Station die schwindelerregende Zahl von 45.000 Walen, aus denen unter anderem Margarine (etwa ein Drittel der in Großbritannien verzehrten Margarine) und Düngemittel hergestellt wurden. Die Station wurde von der Christian Salvesen Ltd. aus Edinburgh betrieben und beherbergte zu ihrer Hochzeit 500 extrem harte Männer, die unter schwierigsten Bedingungen schufteten. Schmutz, Kälte und Nässe waren an der Tagesordnung. Der Walfang wurde bis 1965 fortgesetzt, die letzten zwei Jahre durch japanische Firmen, die die Station gemietet hatten. Danach wurde Leith Harbour weitgehend aufgegeben. Wie auch die übrige Insel hatte Leith Harbour aber auch eine militärische Geschichte. Während des Zweiten Weltkriegs fuhr die britische Royal Navy von hier aus Patrouille, und während des Falklandkriegs wurde Leith Harbour als erster Ort von den Argentiniern erobert. Heute leben hier hauptsächlich Seevögel, Pinguine und Robben. Letztere sind während der Paarungszeit ziemlich gefährlich – dann hält man sich besser von den Gebäuden fern.

Stromness, South Georgia, Südatlantik
Stromness war ebenfalls eine große Walfangstation auf South Georgia, eine von dreien in der Stromness Bay. Von hier aus konnten Ernest Shackleton und zwei seiner Begleiter am 20. Mai 1916 endlich Kontakt zur Außenwelt aufnehmen, nachdem sie nach dem Scheitern ihrer Trans-Antarktis-Expedition die Insel zu Fuß durchquert hatten.

Bildnachweis

Alamy: 6 (Prisma by Dukas Pressagentur GmbH/Heeb Christian), 8 (Arcaid Images/Ryan Koopmans), 21 u. (Eric Lafforge), 36/37 beide (Reuters), 44 & 58 (Dinodia Photos), 59 (Travel India), 68/69 (GFC Collection), 70 (James MacKintosh), 71 beide (Eric Nathan), 90/91 (Radius Images), 92 o. (Reuters), 92 u. & 93 (Michael Dwyer), 96/97 (Joana Kruse), 100/101 (Yavuz Sariyildiz), 132 bottom (Powered By Light/Alan Spencer), 133 o. (Joana Kruse), 139 u. (Slawomir Kowalewski), 141 u. (hdh.sd), 142 beide (Yon Marsh), 143 o. (Germany Images David Crossland), 143 u. (Media Drum World), 146/147 (Urs Gautschi), 150 (Morten Larsen), 152/153 (Jon Arnold Images), 158 o. & 159 o. (All Canada Photos/Mike Grandmaison), 159 u. (John Zada), 162/163 (DPA Picture Alliance), 168/169 (Prisma by Dukas Pressagentur GmbH/Heeb Christian), 172 o. (Leon Werdinger), 172 u. (Wiltold Skrypczak), 196 (David Wall), 198/199 (Jeffery Drewitz), 202 & 203 o. (David Wall), 210/211 (Paul Mayall Australia), 214/215 (Arco Images), 216/217 (Don Paulson), 218 (Robert Harding/Michael Nolan), 219 beide (Mint Images), 220 o. (Kevin Schafer), 220 bottom (Robert Harding/Michael Nolan), 221 (Worldfoto)

Manu Beaudon: 128/129

Depositphotos: 7 (Ivenks), 94/95 (Ivenks)

Dreamstime: 20/21 (Sean Pavone), 20 u.(Leung Cho Pan), 28/29 (Prasit Rodphan), 30 (Igor Dymov), 32/33 (Dmitry Chulov), 34/35 (Ian215), 38–41 alle (Vladimir Zapletin), 48/49 (Amreshm), 50 o. (Dushyant Kumar Thakur), 50 u. & 51 (Matyas Rehak), 52/53 (Stefano Ember), 54/55 (Aliaksandr Masurkevich), 56/57 (Snehitdesign), 60/61 (Michelle Liaw), 62/63 (Rajesh Misra), 64 (Ivan Stanic), 66 (Radiokafka), 72/73 (Amelie Koch), 74/75 (Brizardh), 76/77 (Anotella 865), 78 o. & 179 (Irina Opachevsky), 80/81 (Asafta), 82 (Murat Tegmen), 83 o. (Witr), 83 u.(Asafta), 84/85 (Adonis1969), 86 (Moreno Novello), 88/89 (Catherine Unger), 102 &103 (Compuinfoto), 106/107 (Sinastraub), 108 (Faaabi), 110/111 (Freesurf69), 112 o. (Alepuffo), 112 u. (Tinieder), 114/115 (Actiacti), 116 o. (Janka 3147), 116 u. (Ppl5806), 117 (Electropower), 118/119 (Adeliepenguin), 120/121 (Anibl Trejo), 133 u. (Ian Woolcock), 134/135 (Dmitry Chulov), 136/137 (Coddie), 138/139 (Stefan 90), 141 o. (Schulzhattingen), 144 & 145 o. (Mirek1967), 148/149 (Enolabrain), 156/157 (Light & Magic Photography), 158 u. (Pictureguy66), 160 o. (Paul Brady), 160/161 (Americanspirit), 161 o. (Lisa McKown), 164/165 (Mtsue), 170/171 (Kelsey Martineau), 173 (Cynthia McCary), 174/175 (Lora Parks), 176 (Jesus Eloy Ramos Lara), 178/179 (Bluedeep), 180/181 (Juergen Schonnop), 182 & 183 o. (Piccaya), 183 u. (Dimitri Yrnd), 186/187 (Tupatu 76), 188/189 (Martin Schneiter), 192/193 (Marcelo Vildosola Garrigo), 194/195 (Jesus Eloy Ramos Lara), 203 u. (Jubilist), 204/205 (Magspace), 206/207 (Ekays), 208/209 (Kaloramaphotos), 212 (Derek Rogers)

Fotolia: 65 (Taqitahmid), 78 bottom (mg1708), 190/191 (Nora Doa)

Getty Images: 10/11 & 12/13 (VCG), 14/15 (Corbis/Qilai Shen), 16 (VCG), 17 beide (Guillaume Payen), 24/25 (Mohd Samsul Mohd Said), 42/43 (UIG), 46/47 (Motographer/Pixelia/Karthik Janakiraman), 98/99 (Reuters), 104–105 alle (Andia), 113 (Ullstein Bild), 124/125 & 126/127 (Andia), 130/131 (Matt Cardy), 132 o. (James Osmond), 140 o. (AFP/John MacDougall), 140 u. (Ullstein Bild/Gawrisch), 154/155 (National Geographic/Pete Ryan), 166/167 (National Geographic/Pete Ryan), 184/185 alle (Corbis/Colin McPherson), 200/201 (Lonely Planet Images/ Manfred Gottschalk) , 222/223 (Mohd Samsul Mohd Said)

Carrie Kellenberger: 26/27 (CC by 2.0)

Shutterstock: 18/19 (Ben Richards), 22/23 (Abd. Halim Hadi), 122/123 (Vilu)